Avar Judit
NŐI KÁROGÁSOK

Papp Oszkár illusztrációival

www.novumpublishing.hu

Minden jog fenntartva, beleértve a mű film, rádió és televízió, fotómechanikai kiadását, hanghordozón és elektronikus adathordozón való forgalmazását, valamint kivonat megjelentetését, illetve az utánnyomását is.

Nyomtatva az Európai Unióban környezetbarát, klór- és savmentes, fehérített papírra.

© 2018 novum publishing

ISBN 978-3-99048-537-8
Lektor: Tömösvári Emese
Borító, tördelés: Nagy Kincső
Nyomda: novum publishing
Illusztrációk: Papp Oszkár

www.novumpublishing.hu

Köszönöm
Édesanyámnak és Budapest Főváros XI. kerület Újbuda
Önkormányzatának, hogy támogatták kötetem megjelenését.

ASSZONYI SORS

Élet!
Élet.
Élet?
Az embernek nő
a feneke,
pesszimizmusa
és gyermeke.

REZGÉSEK

~
 Villanásnyi pillantás
 Nincs vívódás
 Igen vagy
 Nem vitás
Senki más
~
Némaságba burkolózott lelkem
 Bontsd ki bátran
 Kedvesem
  Csodák nyílnak meg e kertben
  Ne félj
   Gyere el velem
   ~
   Széttárul méhem
   Befogad
   Hallgató szívem
   Kigyullad
   Feszítő fejem
Lobogó
Te vagy a rúdja
te Vonó
~
Finom rezonanciád izgat
 Kérdéseket vet fel bennem
  Megismerni hogyan kezdjem
   Nem tehetem
    Mégis rejtve
     Marad menthetetlen
     ~
     Homlokodon a pánt
     Kezeim körbefont csókjaival
     Dús szarvas-főd éke
  Glóriád

CSÓKOD, MINT KÁLYHA MELEGE

Miközben hallgattalak Téged
valami nagy-nagy puha melegség
terjedt szét ajkamon
Egy kelletlenül adott csókod
megült számon biztosan
Még most is érzem
mikor a zene elmúlt
s én elindultam
zord zugomba
magányosan

                                          Csók ó
                                          csak jó

                                          Ó-csók
                                          volt csak

                                          Hab-csók
                                          á-lom

                                          Csak csók
                                          ló-ság

                                          Vállad
                                          valóság

SZENTKÉP

Eljöttem Hozzád
loncsos borzas fák
vezettek ide

Dús állatiságom
mögül néha kivillan
férfiasságom

Ragyogásom
fényét
veszti

A HETEDIK KÖR

Szíved körül
messze ülök
a hetedik körön
nyakamat töröm

Előttem gyűlnek
anyák – gyerekek
vágyak – tervek
mindenek

És én
a hetedik körön
sorra soha
nem kerülök

SZERELEM

és a hold mutatta akkor még remélt utunk Bizonyító testünk boldogan bolyongott Ezüstsziklára tapadó moha voltam én amikor csillagmeglepetésed rámborult hűs forrásvíz mosta le oldódó szennyünk

és ott a ragyogó augusztusi éjben egymást szűkölve ájulásig kerestük Csak egyszer tértünk vissza ebbe a darázslakta házba szarvasbőgés idején

Engem kellett tanítanod arra mintha én nem tudtam volna közben magad győzted meg róla hogy mi a

SZERELEMVONAT

Jön a vonat
        mintha jönne
                Hallom
                        mégsem
  Érzem
      vérzem
                Bugyog forró vérem
        lassan elfolyok

Ismét rohan
        eltűz/suhan
                  Most innen
          majd onnan
  Hol erről
        vagy arról
                Nem erről
    hát merről
        tán Jobb
              ha arról

    Mindegy

        semerről

      De sok vonat jár
        egyikkel sem jössz Te
      Velem holtak foglalkoznak
        nekik van idejük

                                        Nem gondolok Rád
    jöjj el megint
                        Nem várhatlak mindig
        gyere mégis
                Miért nem jössz már
            ez is elment
                        Mivel érsz el
                                sosem lepsz meg
                    Nézem az órám
                    bámulom az eget
                    Telnek a napok
                    szállnak a hetek
                        Nem jön
                            nem jött
Elmúlt a nyár
    az a bolondosan áhított
                komótosan döcörésző
                            expressz-vontatású
                                    Szerelmes
                                ...Nyár
                    Túl friss vagy
                Oly erőteljes
            Úgy vágyom Rád
    Utánad való harsány üvöltésemet nem bírom abbahagyni
                                            Nyár
                                        Ó
                            Nyár
                Ó
                                Nyár
                                    Ó – nyáááár

A TÁNC MÁMORA

Fiús táncod
Szégyenlős nász

Csábító ingered
Kihívón vár

Vibráló tarajok
Kívánó láz

Hagyjatok békén
Másé a vágy

NÉLKÜLED

Egyszer magamhoz nyújtam
Nem bírtam minden pillanata
Együttlétem Rád emlékeztetett
akarva kívántalak
bolondul kintódtam
egyedül mégis
boldog voltam
Hogy felidézzelek
Lidérces fénnyel ágyamba kértelek
Vágyindáimmal körbefontalak
Szívcsordulásig izzítottalak
e találkozást
mágig szégyellem
bevallani csak
neked merem

MOST MI LESZ

hamar megkaptál
úgy felkavart
hirtelen odaadásom

olyan későn jöttél
sajnálom
iszonyú kihagyásom

előbb szeress
aztán mehetsz
elfeled- hecc

Elvesztettelek

ó- Erény

Kiderült

Megszerettelek

Te szegény

Menekülj

IGAZSÁG

HAZUGSÁG

Menekülj

te Szegény

Megszerettelek

Kiderült

szép Remény

Elvesztettelek

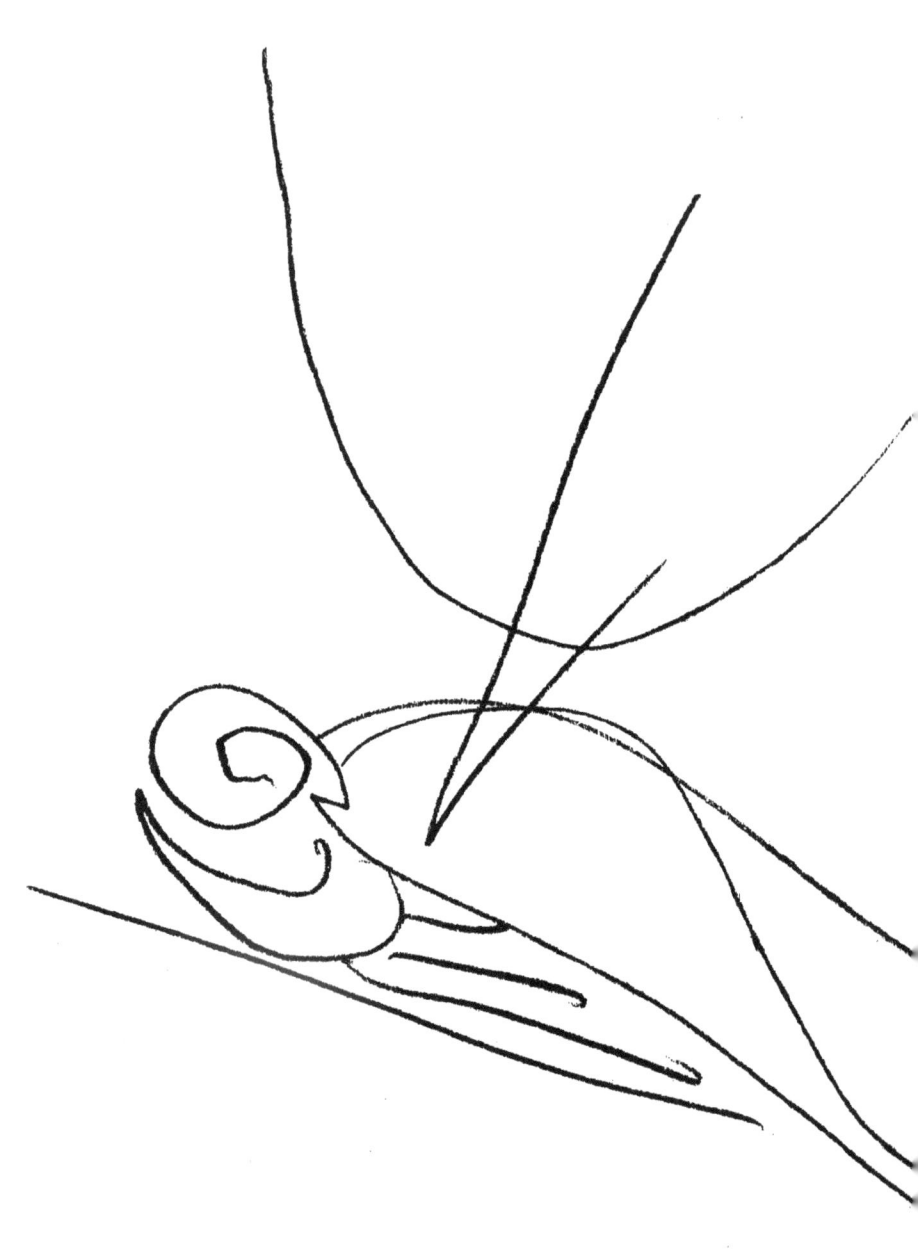

GYÖNYÖR

A gyönyör máshol is hál
Ha néha-néha rád talál
Azt hiszed
Kivételezett vagy
Csak neked jár

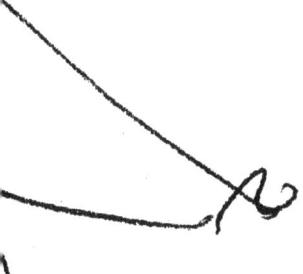

RECIPE

1.

Lábamról a szandált nem oldom le

Még mindig abban a nadrágban vagyok

Napokig nem mosdom

Halat hagymával eszek

Bort iszom

Rád gondolok

2.

Hal

Hagyma

Vörösbor

Csokoládé

Magány

Hosszú ébrenlét

Reggeli gyomorrontás

Ez bánatom útvonala

Épülésem törvényszerűsége

3.

Tudtam hogy hagymát fogok enni, hogy bort fogok inni, és hogy Elbúsulok

STÁCIÓK

~

Tövises ágakon lépdeltem át
Létem perzselő fényes furcsa láng
Könnyem sötéten izzó harmatcsepp
mely gyönyörű orcádra rápereg

~

Érzéseimet titkon tartom
Soha senkinek el nem mondom
Lelkem sötét kamrában hever
Vágyó testembe zárva telel
Honnét tudhatnád hívlak én
Miből sejtenéd várlak rég
Miért is rohannál énfelém
Mikor feletted kék az ég
Ragyogó asszony- és gyermekszemek
Várják tőled életüket

~

      Te
kinek nevét mindenki előtt tagadom
      Te
kinek szívét nem csak én birtoklom
      te
    Édes kegyetlen férfi
      te
    gyáva Egyetlen Férfi
      Jöjj már

~
Jöttél
    mikor nem vártalak
Mentél
    mikor kívántalak
Itt hagytál
    pedig kértelek
Testemben
    mégis érezlek

~
Vihognak a gyűrűk
Vígan cseng a hangjuk
Már más·.·
Párosan vízbe csobbannak
Kötelék el
Más kell

~
Szeretkezni addig jó
    amíg szép és lehet
lehet ameddig kell
    hogy-hogy kell
lehet vagy nem lehet
    vele kell de
nélküle is lehet

~
Ugyanabban a ruhában vagyok
mint azon a napon
Reggeltől estig dacoltunk
korral illemmel élő szellemekkel

Megpróbáltuk a lehetetlent
feledtünk mindent csak
szeretni nem szabad
Emlékezni sem

~

Jelek
hiába sejtetnek
bármit is veled
te nem látod őket
  nem értesz semmit
    (Bár durva volt
    a szád oly kemény
    tudhattam volna
    akarnoké
    csak puhítottam én)

~

Most jöttem rá
Odabent
Évek óta sírok
Iszonyúan sírok
amióta Vagy és
Mi együtt létezünk

~

Amíg elvoltál boldogan éltem
  a múltamat felidéztem
Érkezésed pillanatától rajtam
jégpáncéllá merevedtek szavaid nézetei
Alaposan megváltoztattak jogtalan
  ítélkezéseid
lassacskán belém fagytak eredeti
  elképzeléseim

~
   Tele vagyok könnyel
   mint föld mélyéből a forrás
   felbugyog mellemből a sírás
   Minden csupa könny
  s e zuhatag mintha tengerré nyílna ki
  ott a Fény
  és ott vagy Te
 Repesve indulok eléd
 de nem tudok szaladni Feléd
lüktető homlokom sem hasad szét
Szemem élesen lát
Szívem azt súgja: állj
Ne menj tovább

~
Az hogy vagy
    nem megoldás nekem
Mintha nem tudnék átlépni
    egy nagy zöld kerítésen
Őrzöm emlékedet
    élővé nem tehetlek
Jobb lesz talán
    ha elfeledlek

KÉTSÉGEK

**határaid
ha befogom
szeretlek-e
még**

szépséged már
nem látom
szerelmem
hogy ég

KETTEN

Ketten mind
Máshonnét máshová
Vonzalom ellenáll
Izgalom konzervál

~
Kétféle ketten
Kétfelé letten
Kétséges hévvel
Kitérőn véges

~
Mi ketten
Egymással telten
Egy mással megyünk
Nehogy együtt legyünk

~
Bekattant ketten
Kioltjuk menten
Felcsattant ketten
Lezárjuk csendben

~
Kétes
Űr
Kettőn
Ül

VAGYOK

Vagyok

Egyedül vagyok

Nagyon egyedül vagyok

Nagyon

Egyedül vagyok nagyon

Egyedül

Vagyok nagyon egyedül

Vagyok

~

Állvány

Függvény

Lógvány

~

Vagyok kész

Kész vagyok

VAGY-OK

csak
Vagy

vagy
Csak

csak-csak
Vagy

vagy Vagy
csak

vagy csak
Vagy

~
Még vagy
Megvagy

~
Függvényeid nem eresztnek
Lógványaid rajtam csüngnek
Állványod már ácsolják

EZ NEM MESE

Hétfőn szerdára gondolok
szerdán péntekre
pénteken keddre
kedden csütörtökre

Vasárnap-vasárnap
ó/boldog vasárnap
fél órát heverünk
együtt az ágyamban

Aztán kedd és csütörtök
hétfő majd szerda
péntekre vasárnap
ma nem lehet

Szerda a szerda
megint csak szerda
már a szomszéd is így gondolja
tűrhetetlen

Napokig pótolunk
de pénteken nem szabad
szombat: az nincs
akkor sosem vagy velem

az **ÉN** kedvesem

Nagy a szemed
Kicsi a szerszámod
Mit akarsz

Engem kívánsz
Feleséged pesztrálod
Hogyan csinálod

Fejezzük be
Unom, hogy
Mellémszeretkezel

HÁLÓBAN a HOLD

Az az Ágy
a Közös ágy
melyben Vele alszol
sistergőn okádja fortyogó
láp-bűzét felém

Hajszál-hasadásait
összetartja nyálkás múlt
burjánzó langyvaló
a mindegy-testmeleg
mégiscsak nyugtat- ó

De fogságban ragyog
a vergődő Hold
kioltod ujjongó biztatását
bezártan sírnak fátyolos fényei
rá köd-jelen zuhanva hull

Miközben reményem egyre oszlik
újból és újból befekszel abba a posványos ágyba
égő szerelmünk hallatlan csúfolására
a Hold búsul, mert hálóba tetted
ahogy akar, úgy nem szerethet

ÖRÖKÖS

1.
Nincs örök
Nincs igaz
Nincs csak
Te meg én

2.
Vágyódni
mindig másra

Betelni
sohasem

Vallani
képzelt vállakon

Omolni
karokba

Egyetlen
rég elment

Kikötő
sehol

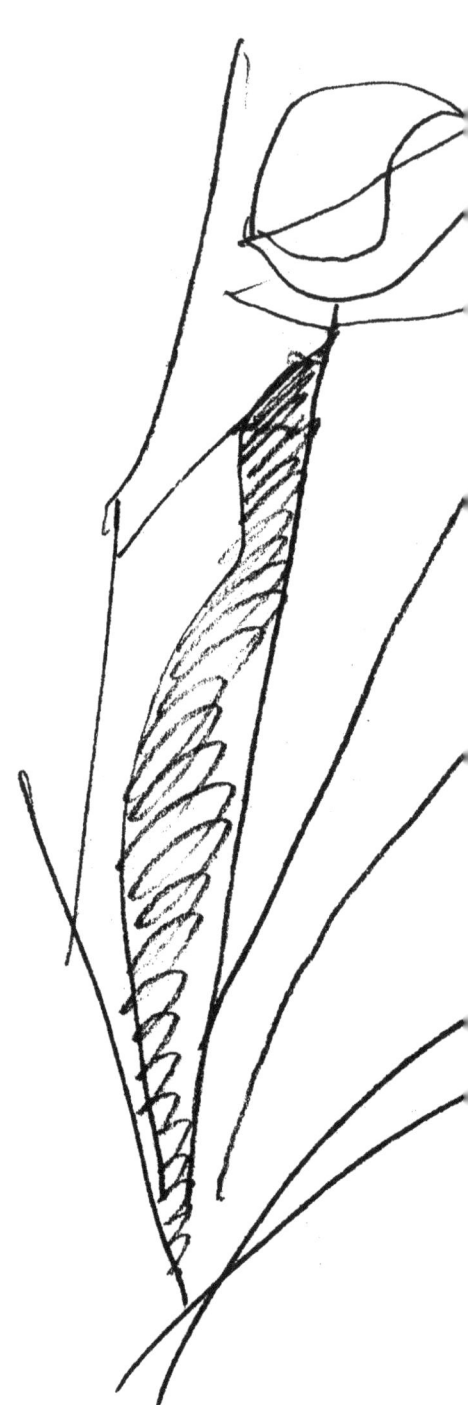

3.
/ma Így - holnap Úgy/

Örökké

semmi sem
tart

Illatod tovaleng

szagod
kimostam

Magamból

arcodra
nem

Emlékezem

testedet
rég

Elfelejtettem

mi volt köztünk
ki tudja már

Legfeljebb

időt jelez
szikár naptár

MOSOLYOD CSILLAGVIRÁG

Mosolyod csillagvirág
De ki látja már

Elvész a szép
Robot zenél

A gépek élnek
Emberek félnek

Nem beszélnek

MENJÜNK

Szót se ejtsünk
Menjünk ne
Menjünk el
Egymás mellett

Láss meg – ne nézz
Kérdezz – miért
Honnan – hová
Tudhatja más

Hát menjünk
Már menjünk
És menjünk
Még menjünk

Csak menjünk
hát/már/és/még
Menjünk
Tovább

ÉN NEM SZOKTAM

Én nem szoktam
Kedvenc férfijaimtól
Elvenni tárgyakat
Inkább ajándékozok
Tőlük hó-lelkiismerettel
Távozok

Nem szoktam
Befeketíteni emlékeim
Őrzöm ragyogón
Sötétedjen bár az ég
Napfényre vágyik
Homlokom

Nem én szoktam
Ócsárolni mást
Mi tetszik, az boldogít
Félek reménytelen
Holt pálya
Képzetem

Szoktam talán
Lódítanék mit
Miért nem különös
Fennen hivalkodó
Bú-jós
Életem

MINDÖRÖKKÉ

Nem mertem előtted
fortyogó kátrány-bensőmet
igazán kitárni

Féltem, de mitől
titkon sűrű
genny buzog

S' hogy szürcsölve mézem
nektár – kéjét
magadba forrasztasz

E langy beteljesedésben
nem nyughatok
még megsemmisülök

Maradékom felszívódásától ijedten
ösztönösen kellene
védekeznem ellened

Teljesen fel nem
adhatom gondolataimat
képzeletbeli vágyaim

Függetlenségem pezsgő
izgalmának élnie kell
mind és örökké

ÁLMOMBAN

Egy borzas madárfej sármosan
rám mosolygott a sarokból csapzottan
majd szeretet-sóváran mellém-hengeredett
alvó búbomon éreztem
karmának súlyát

Áttetszőn opalizáló meleg teher
ábrándtelt kínos ködfintorában
a Te hallatlanul csúf
reménykedő arcodat véltem
felfedezni

Szemeid égető igénytelenségének tüze
láthatatlanságával valóban megragadt
miféle megfoghatatlan sugárzó hév késztetett
pusztán önző vágyamért
hogy Tiéd legyek

```
Simogatom
            simogatom
                        Nem áll fel
Nyugtatgatom
            nyugtatgatom
                        Magamat
Nem kell ez
            nem kell ez
                        Mégsem


        ROSSZ LEHET
```

A múlt mindig egyszerű
Emlékezni nagyszerű

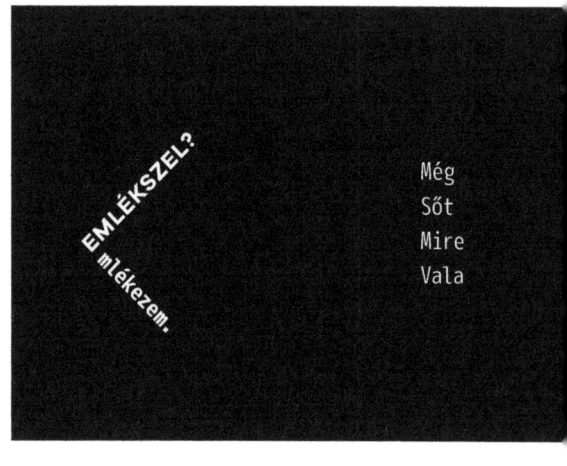

Ami elmúlt
gyönyörű
Emlékezni
célszerű

ÁLOM

Kérlek
Téged
Kedves
Álom

Melegíts
Ringass
Szeress
Álom

Borzongást
Félelmet
Űzz el
Álom

Altass
Nyugtass
Becézz
Álom

Legalább
Létem
Feledjem
Álom

TÉLELŐ

Eltűnt a fény
Minden szürkeség
Kedvem nem lehet

Ily borongós nedvesen
Minden szürke
Szürke minden

Szürke a te nadrágod
Pulóvered- cipőd-zoknid
Langyoskodó vízszemed

Szürke vagy te
Csupa szürke
Galambszürke kedvesem

Ettől terül őszi délben
Meleg fénycsík napsugára
Berzenkedő homlokomra

Szürke gondolataim aranyosak
A te szerelmesen finom
Szürkeségedtől

MEGVÁLTOZTUNK

Ma már
  egymás mellett
    elnézünk
      A másik szavát
        nem halljuk
          nem értjük
            Máskor eszünk
              alszunk
                és izélünk
                    Úgy tűnik
                      alaposan megváltozott
                          igényünk

1.
Szememre hulló csillagok ülnek
Dereng a fény
Kínálkozó rózsa lettem
Te meg remegtél

3.
A félelem már csillan szemem sarkában
Árnyként suhan át agyam szűk vackában
Szellemként keringve vértelen szédelgek
Hiába kereslek

SZERELEMPUSZTÍTÓ MOZZANATOK

2.
Bújnék mint őz, szelíden
két karod hajlatába
de a szenny, a mocsok
minden érzést bevon
haldokolnak a tűzmosolyok

~
Feltűnsz mint üstökös
Lángolsz- nem tündökölsz
Rohansz és zúzod szét
Időm meg rég elmém

~
Egyik ágyból kikelsz
másikba mászol
Ugyan tudod-e
melyik ágyban alszol
Ki cirógat téged
új kedvre keltve
Kinek meg sem moccansz
elmegy-e a kedve

ÁGY

Pofátlanka fartarti
Feszülősen rászari
IQ-felszín hömpölyög
Primitívség rádböfög

VÁNDOR

~
Végre egy szabad este
Mit kezdjek vele
Mármost minek
Nincs is kivel

~
Ha újból fiatal leszek
Talán megérintelek
Bennem marad csókod
Mit képzelek
Sajgó szösszenetek
Semmit sem tehetek
Rólad élve csak
Emlékezhetek

ZSÁMOLYOD

Te mondtad: mező
                én nem láttam a fától
Mutattad a forrást
                mély tengerbe fulladtam
Az anyag nekem: a képzelet
                te misztikusnak érzed
Kozmikus viszonyulásunk
                itt csúszott el csupán
Akasztófád alatt hálából
                zsámolyod leszek

FERTŐD

1.
Fojtott fantáziád finoman felizzott
Fürtös fűfejed fuldoklón fúrod
Figyelsz föltörő fennkölt fodraimra
Forró ficánkolásomon furcsán felvidulsz
Forog fenséges fahéj-fényed

2.
Fakó felhőn fintorog falloszod
Feszült félelemmel fontoskodón falsz
Firtatón felújulunk fukar falatokon
Fösvény fájdalmak feneklő finisei
Fán-függesztett feje-veszett fővezérnek

3.
Fonákod ferdefolyásában fülledten fantáziál
Fesztelen fáradtfarú fosztatlan fészek
Futtodban felállva fásultan füttyentesz
Förtelmed féktelen fricskáival fedeztetvén
Fanyar-fekete ficsúrságod fertőtlen férgeit

JÓEMBER

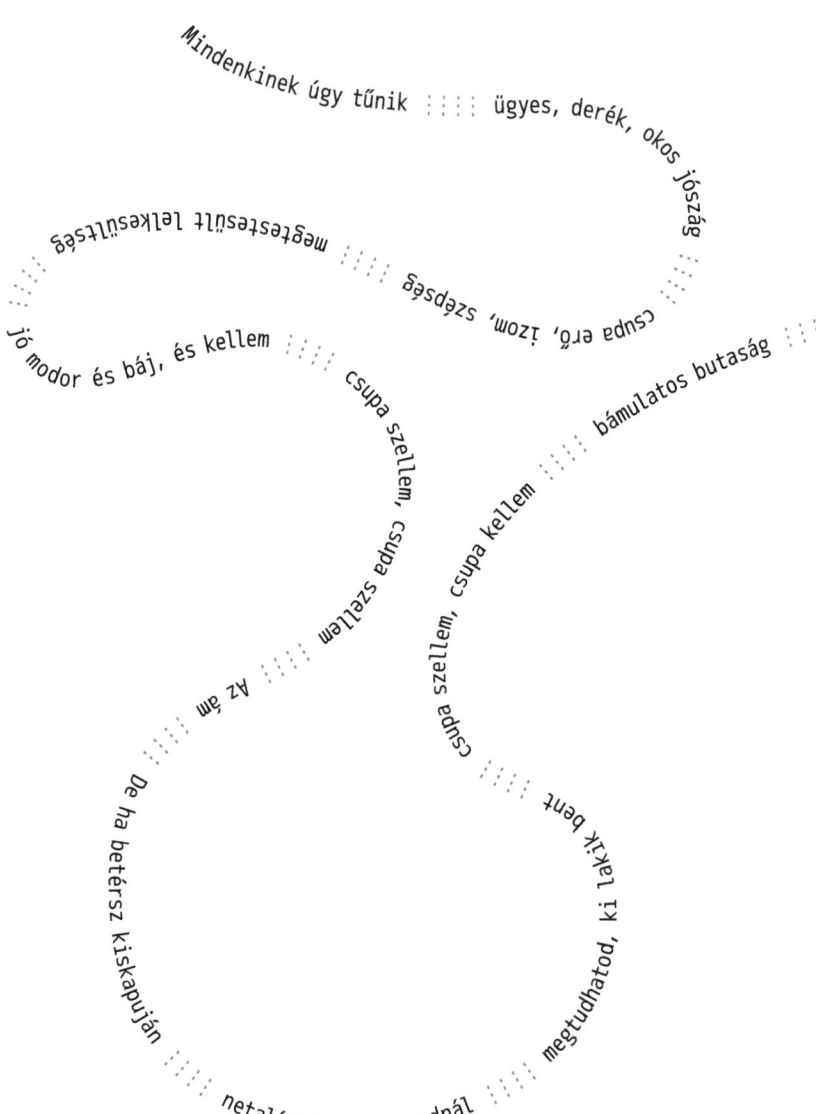

Mindenkinek úgy tűnik ügyes, derék, okos jószág, megtestesült lelkesültség, csupa erő, izom, szépség, jó modor és báj, és kellem, csupa szellem, csupa szellem. Az ám, De ha betérsz kiskapuján, netalántán ott ragadnál, megtudhatod, ki lakik bent, csupa szellem, csupa kellem, bámulatos butaság istenítő maga – maga igen Ő Ó igen a jóember járomhúzó, igavonó, tökéletes áspiskígyó intelligens lapostetű, ilyen nincs is, ne keresd különben is, elmehetsz Ha tudsz csúnya csiga, csigabiga nyúlkás útja Nem madár az, csupa kellem csupa báj és csupa szellem, csupa-csupa

Ő AZ

Nagyobb az orra
Vörös a haja
Semmise stimmel
Mégis ő az

A vágya
A kínálkozása
Igen
Ő az

Vártam és
Pokolra kívántam
A percet
amikor Belépett

LÉNYEG

1.
Meg sem kérdeztem
Éhes vagy
Beszéltem – meséltem
Érveket regéltem
Tetéztem – tetézted
Hajnali ebéd lesz

2.
Enni – inni
Hugyozni – szarni
Büfögni – hányni
Egymást marni
Trágárkodni – vakarózni
Fingani (nem olasz szó)
Szennyesen

3.
A segg
is csak
Akkor jó
ha van
Tartalma

                    H

                                A

                                            L   L

Képzelem
hogy minden hiányosságommal földi
parlagiságommal is eszményi
istennőd vagyok

         A

                                    De semmi ízlés
                                    semmi báj
                                    rút való az új leány
                                    kész ragály

            T

     L   A

                      N

LÁNYOCS – KÉK

Ültök – tök – tök
Tökön tekeregtek
Kicsit megremegtek
Rothadó lottyadmány
Sületlen sütnivaló
Magja nincs – de likacsos
Süti sincs – még esze van
Süti – süti – sütikék
Szemetek lesütni kék
Sült tökökön üldögélő
Dörgölődző – dongó-bőgő
Kérincsélő – kékülő kis
Döngölő fő dögöcskék

„Egyszer volt egy Mehemed
Felrúgták a tehenek"

MOST NEM EMEZEN

Jól elrejtett amazon
Ül egy pici kamaszon

Vigyázz kicsi kamaszom
Én vagyok az amazon

Amazon
Kamaszon

Fergeteges izgalmon
Kivirágzik mosolyom

NŐK

Nők
bugyiban
szétbaszott
nagy hasú
Nők
természet szépei
férfiak ékei
mind- elbukott
Nők
terhekkel
szennyezett
szomorú
Nők
hivatalos
kitüntetett
szájaló
Nők
szapora
csúnyuska- butuska
igéző
Nők
hálóban
indák közt vergődő
táncoló
Nők
keresik a nyílást
kicsiny hasadékot- hol
kitörhetnének- de
nem lelik így
maradnak ők
Nők

ÁLHÁZASSÁG

	közös	Ágy
	közös	WC
	közös	Konyha
	közös	Gyerekek
Minden	közös	

Csak Tested
Lelked
Gyönyöröd

Másé

ATTÓL KEZDVE

Attól kezdve
  sírok

  Attól kezdve
    vágyok

    Vissza
      hozzá

        Vissza
        rá

    Vissza
    vissza

Múltba
jelenbe

  Vissza
  tehetetlenbe

  Sóvárogva
eltaposva

  Attól kezdve
    és folytatva

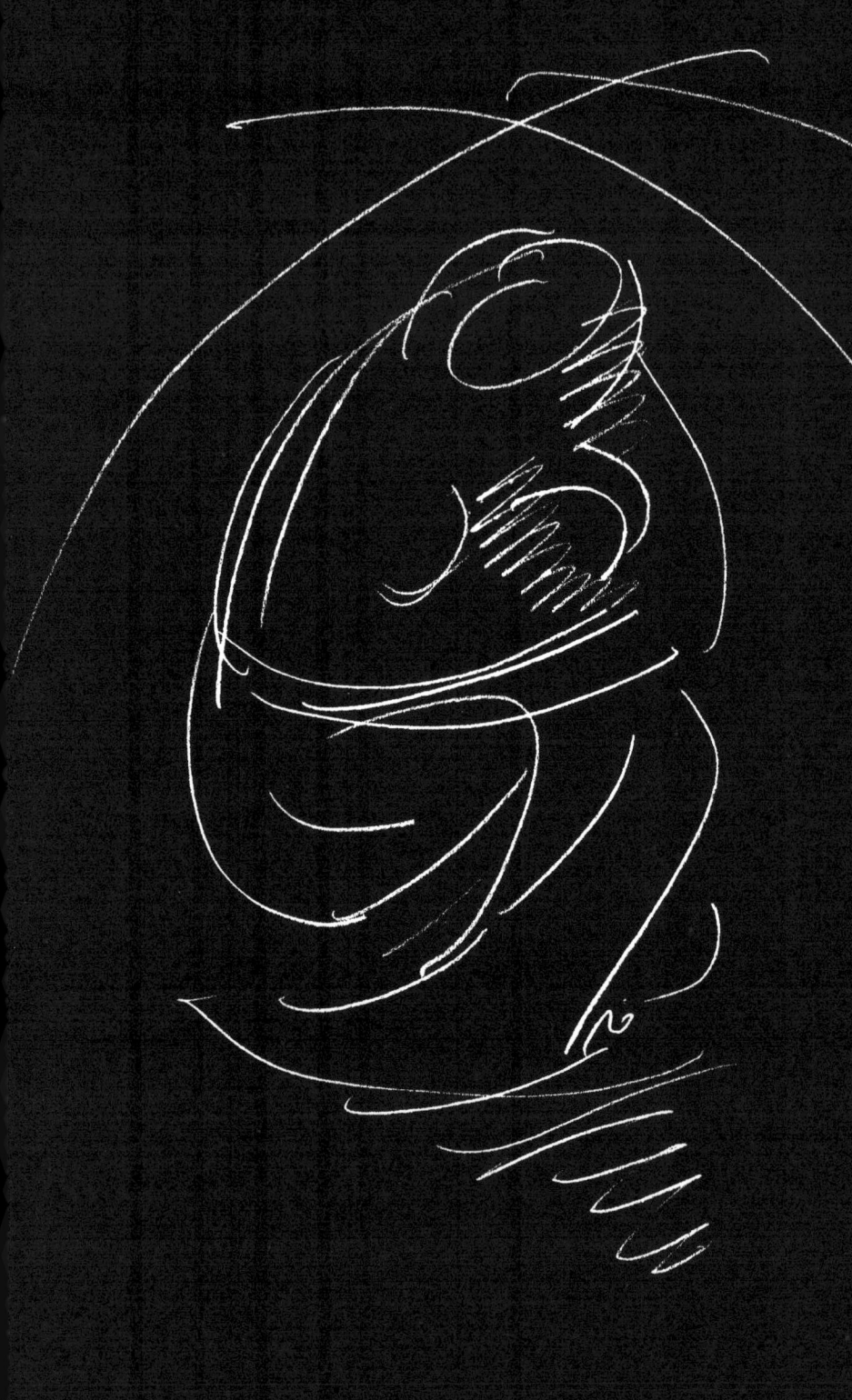

MAMA

    1.
    Meleg „m"
    Hideg „a"
    Mindent jelent
    Mamma

2.
Mikor mama nevet
Visszhangoznak a hegyek
Szabad mellkasom kitárom
Magamhoz ölelem a világot

    3.
    Mama sír
    Beborul az ég fölöttem
    Mi baj lehet
    Talán felnőtté lettem

Természet furcsa csodája
Kínok kihívó édes csatára
Én hoztalak világra

Fogd a kezem
Hajtsd ide a fejed
Melengesd meg szívem

Gondálarcomat levetem
Hadd lásd ragyogó
tiszta lelkem

GYERMEKEM

GYERMEKSIRATÓ

Életre hívtalak
Személytelen maradtál
Bús sejtés fátyolán át
Ködös képzelet reménye
Halott valósággá foszlottál

SÍROMRA

Sír

a

Sírfelirat

Sír

a Sír

Sírok én is

hogy Te

Sírsz

FELISMERÉS

Ki vagyok én

                  apám kérdem

Soká haboz

                  tehetetlen

Illemből felel

                  kíméletlen

Vagy te lányom

                  szeretetlen

Nem kívánt vad

                  neveletlen

Sose látott

                  sóvárvirág

szüleimhez

EZUTÁN

Ne hozzon ide
a lelkiismeret-furdalás
Vedd számba
mi fontos
Ami pikáns

Részvéted
időm húzása csupán
Maradj magadnak
mint eddig is
Ezután

KÉSZÜLJ

Készülj a halálra
Dobj el minden feleslegeset
Ne okozz gondot másnak
Akik még azt sem tudják
Szeretnek-e

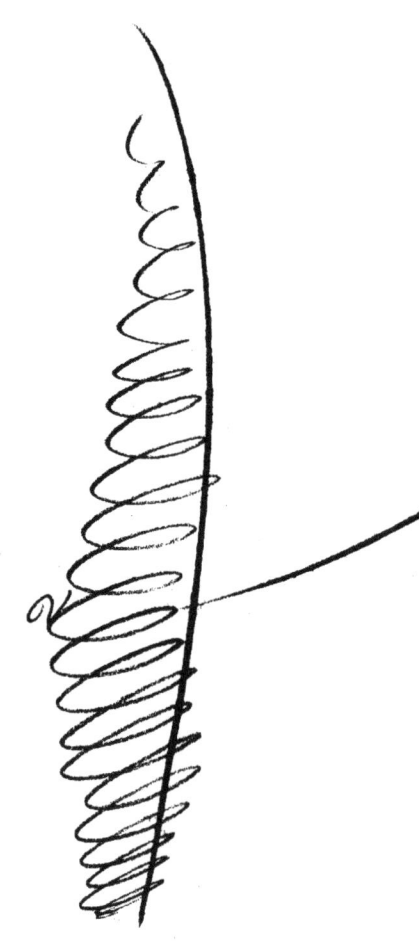

A mulandóság tünde fénye
Mindnyájunkon átsuhan

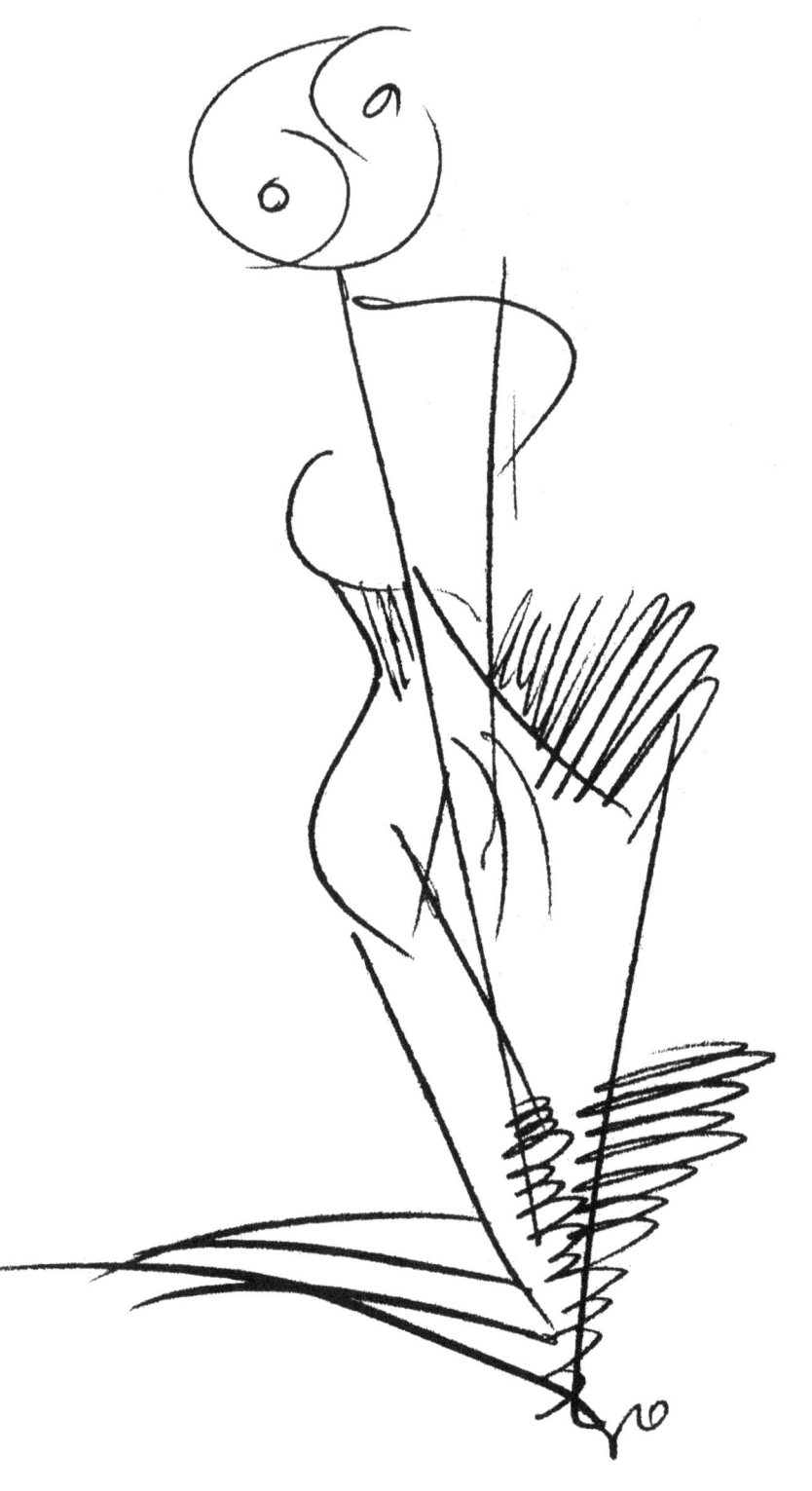

FÉLEMBER

Fél karod
Fél lábad
Fél szíved

Van

Fél időd
Fél akaratod
Fél vanod

Van

Félember
Fényember
Fémember

Tényember

Fél – fél
Fél melletted
Fél – fél tőled

az Ember

MINDIG KINT

Ha te bemész
Kint maradok
Ajtók előtt állok – várok
Folyosón szobrozok

Körülöttem kíváncsi
Emberek szédelegnek
Jönnek – mennek
Lenézegetnek

A dolgok előttem futnak
Róluk mit sem tudok
Mindig kint
Sosem bennük vagyok

```
                                            érkeztem

                                      semmibe

                                  leestem

                              hirtelen

                        siettem

                    felfelé

                 képzeltem

             lépcsőnek

           lépkedtem

       hátakon

    puha
```

LAPPANGÓ

Lehetőségekbe
Zártan
Nyújtózkodom

Nyugalommal
Telten
Tartózkodom

Perspektíva
Bő vér
Szédületes

Képességem
Mélyén
Épülgetek

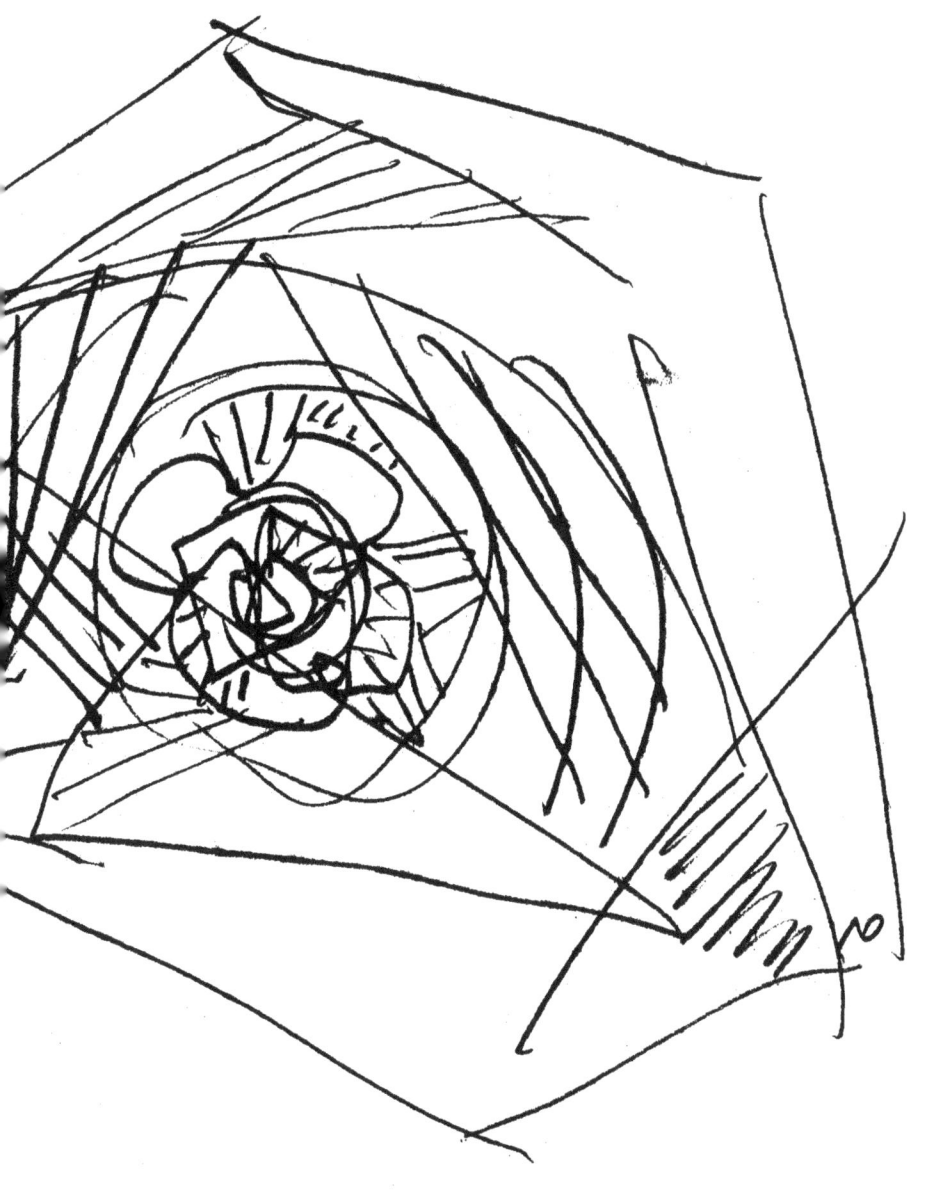

ÁLLÓVÍZ

Apró pici lépések
amit néha megteszek
Célom sosem érem el
mindig ugyanitt leszek

Nézzük egymást
Aggódom érted
Te aggódsz értem
Így megáll
Az Élet

Figyelem
a Semmiből
hogyan szeded ki
a Semmit
Megint csak mekkora
Nagy semmi
Lesz

ÁLLATI

Miféle állat vagyok
hogy semminemű zaklatásra
nem mozdulok
talán Paff

~
Az emberek legyenek
Emberek
Az állatok maradjanak
Állatok

~
Arra szép kék hegyek
tündököl a nap
Felülről nyomnak-ostoroznak
orrom sárban
Kaff

~
Világító gyengéid nevetséges
Hogy takarod
Terheid vigye más
Míg hímölsz-hámolsz
Csendben falhoz mázolsz
Épp engem teszel kot-kot
A hűvösbe Kukurikúm

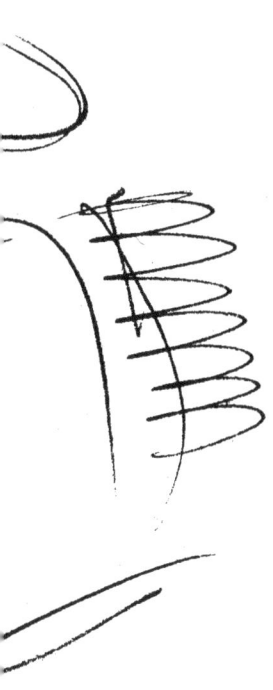

KÍNLÉTRA

Egyre feljebb
Egyre beljebb
Jutni el még
Egyre messzebb

Álmok közt lebegek
Feszülten sietek
Elérnem nem lehet
Amiért remegek

AL FRESCO

Íme itt vagyok
Chagallin lebegő lila tehénke
Levegő-létem nem hazudtolom és
papos rálátással ügyesen felcsipegetem
az igazgyöngyöknek vélt mű-szemeteket
Egészalakos fotóm szerintem pompás
ám fene tudja – mire való
ezért becsülj meg Te
mindenek feletti nyüzsgő apó

FRANSZIA

1.
Magamból várat építettem
a toronyszobában titkok sejlenek
Pezsgő mélybe kívánkozó esztelen élet
hiába csobog ténfergő talpam alatt
Pillanatnyi várlétem rejtélye megkap
időtlen magával ragad

2.
Lila köd óriás
Gondos gondtalan párolgás
Felületes borzongás
Ébrenlét az álmodás
Kábán meghökkentő kóborlás
Fel-felbuzduló tiltakozás
Mégis örök visszavágyás

Ha láthatnám is
csak tompa álmodás a cédrus
Agyamig nem jut

FŐ A VÁLTOZATOSSÁG

Sétálva sűrűn
Simogatni bizonygatni
Mással álmodozni

Hogy Én
Milyen vagyok
Szép dolog

Csodálni különlegességeket
Tengerekben fürödni
Valakit mindig találni

Szobám négy fala
Zárt élményektől
Ragyog

ROHADT ÉLET

Rohadt élet
Büdös szagok
Undorító csámcsogás
Gyomrod a nyakadban
A vonat áll

      mindennek szét
      kell mennie fel
      kell borulnia meg
      kell romolnia
      csak az új...

            A vonat áll
            A szagok maradtak
            Gyomrom a nyakamban
            Hiszen én is
            Büdös vagyok

SZEGÉNYSÉG

Nem érték
se szegénysé
Sem éhsé
csak legénysé**G**

Rongyok deszká
szabályzato
Isten velete
alátok szorulo **K**

VASKALAP

Magam alkotta abroncsom
Híven szorítja homlokom
Hiába is feszegetem
Acélpántok nem eresztnek
Berzenkedő türelmemmel
Vetekedve versenyeznek

ÉBREDÉS

Hagyjatok

a magam poklának tüzében
akarok megtisztulni
vagy elpusztulni

Mozdulok

mágneses erőim fortyogva
vonzzák-taszítják egymást
helyükre rendeződnek

A Rend óriási nyugalmat szül

kitisztul az agy – működik a test
a helyes funkciók könnyed lélegzése
életre kelt

Ébred a tettvágy

a világkerék lassan elindul
egyre hevesebben fújtat rohanva
eszeveszett célja felé

Nincs megállás

kiszállni nem szabad
menni kell
mertkülönben

Lemaradok

ÚJULÁS

Valaki van a kabátomban
Ki lehet
Én
Én vagyok kabátba bújtan
Új valómmal
Más kabátom született

A JÖVŐ ITT VAN

Nyílik a világ
Tágul a tér
Oda jutok
Hová
Szemem el se
Agyam fel nem
Ér

Szájtátor
Diktátor
Tömegmámort
Hitvázol

1990

1.
Hajtsd virágzó földre fejed
Ne gondolj másra
Mit egyél – mit igyál
Nem érdekes
Minden mérgezett

2.
Parázsos hamvaid hunyorgása fel-felpirul
Vágyaid gátja közt rohanva járja
Értékek bizonytalan borulása
Ingó kötelek melyikén billegsz
Magad sem tudod

3.
Politika – politika
narancsvörös kékes-zöldes
hercehurcás polivita

Kokárdát nem tűzhetek
zászlót ma sem lengetek
milyen ruhát ölthetek

Se citrom – se lilás köd
tán a barna nem oly blőd
némán teljes Anyaföld

Nem maradhat hátra más
fejnélküli firkálás
választatlan választás

Feketén – nem fehér – igen
keresetlen pénzeden
mit főztél ki kiskedden

GYENGÉK

Valami hiányzik belőlünk
Bármihez nyúlunk
A hiány eltávolít a céltól
Gyámoltalankodunk
Jó, hogy meg nem halunk
Gyengék vagyunk

ARCUNKON

Arcunkon a vágy
                sápadt fájdalom
Szájszélen remény
                puszta rágalom
Ténylények meredve
                mordulnak mindenütt
Fényszárnyak felejtést
                fontolnak örökre

MOBILAN

~
engem az istenítés sosem érdekelt
mert magam vagyok isteni
az Istenit
(ha a templomajtóban sugárzón
ott álltál volna
Istenem lehetnél)

~
Direkt
Soha
Nem azt
Amit
Akarok

~
Milyen jó hogy puha vagyok
A bugyimból kipotyogok
Belém harap – ki akar
Tiszta bűz és finom íz
Jogos fintor ingyen ám
Használhatnak télen-nyáron
Egyaránt

~
Gyurmából van a fejem
            alakítható
Kínoktól megnyúlik
            csúcsosodó
Fájdalmaktól benyomódva
            aszketizál
Boldogságtól kerekedőn
            elgurungál

~
Hogy kéne egy mozsár
Törnék-zúznék véle
Eladta nagyanyám
Szüksége volt pénzre

~
Csőbe mentem
Csődhelyzet
Ha nem mennék
Csörrentnek
Csőőő

~
Eszményeim
     hamisak voltak
Biztos pontjaim
     mind elhaltak
Emlékeik
     nem pótolnak
Elveimmel
     magnak maradtam
Gyertek hozzám
     jósnak

~
Régen kastély
Ma mindegy
Mi van

IGAZ

Amit látsz
nem a valóság
Szín és érzés
vágy szerint
Van
mert láttatod
Az igazat csak Te
Tudod

KERESEM A KULCSOT

1.
Mint csukott könyv
olyan a lelkem
Ezernyi érzés
és gondolat
hever benne
Sose-nyitottan

2.
Néma hangom
Süket lelkem
Vesszek el hát
Ismeretlen

3.
Egyszercsak megindultok
szógörgetegek
Elsöprőn szabadultok
zárt hallgatagságomból

4.
Nem keresem
Meglelem

LÁNGOS

Nem lángodra vágyom
Világ elől elvonulni
Természetben elmerülve
Végtelennel egyesülni

Pezsgőt habozva inni
Szender-kíváncsin sunyni
Óriásgyőzelmet kívánni
És-és-és kivárni

Csakis egyes-egyedül
Lángost bátran falni
Világtalan-lángos
Lángolón

ÁRNYÉKOS

1.
görcsök
félelmek

utcáról
utcára

vértelen
szédelgek

2.
Melyik árnyék legyek
Becsült/becstelen

Dicshimnuszok közt
pirulva szenvelgő

Háttérben felkent
finoman figyelmes

Árnyékoltan árnyalt
árnytalan árny

Ha tudsz jobbat
igazán ajánlhatnál

EMLÉKEIM SZÉTESÉSI

1. Már ez a tér is megromlott
Áll benne egy fekete ház
Boldogságom kútja betelt
Ő tette rá a fedelet

2. Zord visszatérés
Minden idegen
Nem is
Emlékezem

SÍR-VERS 30. SZÜLETÉSNAPOMRA

Kripta
Zongoraszó
Vacsora

Mindenből a legjobb

ÖREGSÉG

Páncélos test
Körbezárt szív
Csontos modor

ELMÚLT

görcsös
mohón remegő fekete
kéz

miért keresel
engem sietve miért
hívsz

kapzsi
csápjaid előtt dermedten
állok

riadt
mereven pióca-szívásod
várom

gyere
ölj meg - tudom azt
akarod
~
nem
nem múlt
el

MINEKÉLŐ

Pókhálóm szűk
fonálútjait járom
szorgosan

E kis világba
beleférek
pontosan

Tájak gyönyörű
kalandos messzeségéről
mit tudok

Hálóm nyálkás láncai
idekötnek – belelöknek
apró szürkeségembe

Kinek élő
minek élő
vagyok én

Semmit mondó
mélyen érző
puszta lény

Fényem láthatatlan
nem melegít
senkit sem

Nem értem- miért
mire való
életem

Molcer Mátyásnak

LÉTED

Léted

ha végleg lemerül
akkor vagy igazán

Egyedül

tüskés görcsök
örvénylő szárnyán

Megpihensz

éjszín küszködésed mostoha
belátássá szomorodva

Hull alá

a félelmetesen vonzó
ijesztőn ismeretlen

Hová

lényed ma
tényleg elmerült

Most leszel

csakugyan
egyedül

Kiderül

ÚJ TITÁN

Halott költőkoszorú
Szárazságra vágyom
Lepipilem vagy lepipálom

Verssoraitok csörögnek
Gennyes takonyban csücsülnek
Fertőtlenítve préselem

Napfényre vont ló-társaim
Versembe pottyanva loholok
Poklotokban nyihogva visítsatok

ELÉRHETETLEN

Még azt a
gyűlölt – kívánt
semmit se tudom
elérni

Ingerülten kapaszkodom
nem esem le
de fel sem
jutok

Elérhetetlen
minden
Én is az
vagyok

ELMEZAVAR

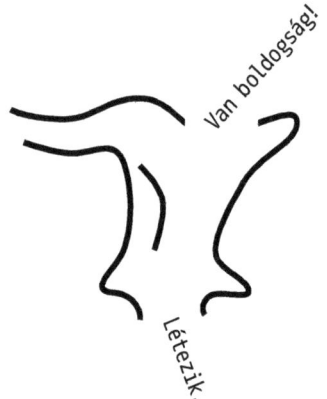

Elme Zavar

ARCOK

1.
Micsoda arcok

2.
Rá van írva

3.
Undorodom
Egy arcot sem
Látok

VÁLASZTHATSZ

1.
Könnyű halál egy pillanat
Vágtat feléd majd elragad
Futva menekülhetsz utólér
Nyakon csíp, és már mit sem érsz

2.
Elgyászoltad magad százszor
Végigkínoztad minden rokonod/barátod
Csúszol-mászol, végül azt sem tudsz
A halál kéjesen rádvigyorog
Nem enged könnyülni
Nem szabadulhatsz meg
Önmagadtól

GYÁSZ

Halottad körmét
Ne pucold ki
Hagyd csak
Nem szégyelli

Más dolgod van
Számold meg
A pénzét
Igen érdemes

ÉRDEMES

az áhítat
mely
csodálatot ébreszt
benned
mély
érzéseket sejtet
mind
csak álom

hiába nézed
más
hogy él
nem látod
belül
mi zajlik
képzelt vágyad
csak ábránd

sóhajtozó
fénycsikón
fickándoznak
foszló árnyak
sírodban se
hazudtold
mi volt
csak boldogság

IDEGENSÉG

Rámszakadó képek közt ülök
magamat nézem
mintha sosem
láttam volna

Hangok tolakodnak felém
a hangomat hallom
mely még nem
hallatszódott

Képtelenségem börtönében
képzeletem hű bilincs
tudásom rég nem kilincs
szégyen, ami nincs

CSONTVÁRY

1.
Jövök Feléd
Megyek Beléd

2.

Nyílnak a terek
Égnek a színek
Vágynak a lelkek

MŰVÉSZSÉG

1. Mi ez
   a faarc
   szenvtelenség
   bájvigyor
   kellemesség

   Sötét erők
   szívnak engednek
   tán kibontakozás
   művészi gyötrelem
   sejthetem

   jól teszed
   értékeid ragyogók
   felismerted céljaidat
   tudod- ki-vagy
   Felébredtél

   futkározás
   fiús lobogás
   ficánkolás
   e friss mosoly
2. Kié

NÉMA ZENÉSZEK

Komolytalan alkalmakra
ugyan minek gondoljunk
Test-hangszerünk fizetetlen
nagy elánnal gyakorlunk

Hangvalóról álmodozván
könnytelten elhallgatunk
Várakozó álláspontban
avittságunk elfajul

Értelmetlen törekvések
sajna, nem eladhatók
„Kár a gőzért" jelenségek
művészkéim túl bántók

Közönségünk itt-ott akad
kenegeti hájunkat
Szűkülgető tévutakkal
négy fal közé szoríttat

Késlekedő biztatások
immel-ámmal késztetnek
kottafejek süketek – ám
füllel látók füllentnek

◡ ◡ ◡ ◡   ◡ ◡ ◡ ◡
◡ ◡ ◡ ◡   ◡ ◡ _
◡ _ ◡ ◡   ◡ ◡ ◡ ◡
◡ _ ◡_   ◡ ◡ _

Hír-név nélkül bevallatlan
sikerül elnémulnunk
Azért mi is érezhetjük
◡‾ zenészek voltunk

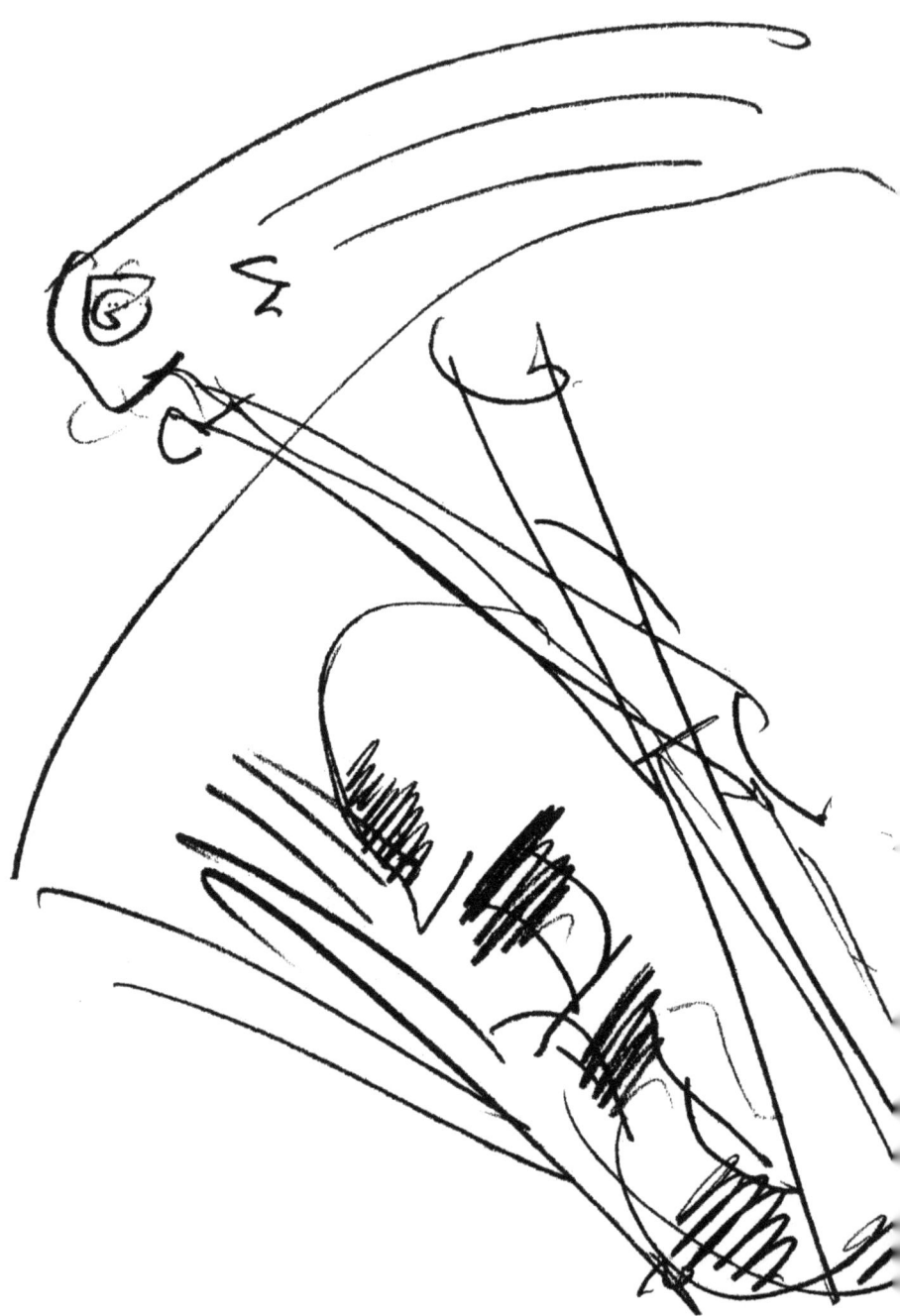

PSZT

A zene kedves
A zene terhes

Néha csönd
Kell a csönd

Pszt
Csend van

–

szünet

A DAL

néma dalnokok
hova tűnt
tétova ajkatokról
nem hangzik ének
fényes bakkancsok csattogása
szebb zengzet, mint
a természetesen gyöngyöző
színtiszta lélek

életünkben a sírás
a kacagás
parttalan dalolássá
olvad
mi kedvünk szegi
azt kiemeli
halálig kísér
a dús dal

az éneklés átvisz
mindenen
vállad veregeti
fejed felütteti
szárnyra kelve
vonz - taszít
kortalan
személyes hang

hirtelen rádtalál
megfog és belédszáll
finoman formázza
hősies lényed

jobbít az énekszó
ha dúdolsz
a dallam terel
vigyáz téged

észre sem veszed
más ember leszel
lehajolsz hozzám
buzgón megkérdezel
mondd, hogy vagy
segíthetek
bátran áriázz
kántálni merj

a frissen ébredő
dallamár
egész nap benned
motoszkál
ajkadra röppen
füledben cseng
rabul ejt a lényeg
megmozgatja éned

néha porlepte
ódon hangfolyam
bensődbe lopódzva
szétomlik lágyan
tested kitárul
madárdal buggyan
slágert lalázgatsz
fütyörészel vígan

Orfeusz lantját
sarokba vágod
vad tamtamod
bolondosan járod
harsányan pengsz
éllel szaporázod
feledve léted
danadanázol

győzelmi himnusz
üvöltve ütemez
sodró moraja árad
vagdalkoz
zsibbasztó zajtömeg
csupa pörgezörgés
feldob idő-előtti
megkapó örvény

szavaid értékét
ösztönösen őrizd
korlátok közé
ne tereld
bár elragadhat
felhőtlen ének
sosem biztatott túl
új nótára késztet

meglepő illúziód hidd
hogy célba érhet
kitartó igénnyel kornyikáld
szilárd elképzelésed

gyanús
ki mosolyog
pillants tekintetébe
vagy mégse

dálnok dalnak
mézes varázsa
bódítón búg
fanfárok száza zúg
zsongít ezernyi
zamatos hárfa
égi hang
tisztább vagy

kegyes dal
fénylő dicséret
add vissza kedvem
hites reményem
vessem le végre
ami talmi
legyek képes
idillin dallni

szálljak zengve
lengedezzek
ragadjon magával
légies sanzon
múzsák mennyei balzsama
érleljen éteri szférák
plántált szólama
énekes énekek

zsendülő zsoltárfuvallat
hagyd el
habozó ajkamat
csobogj hűsen
csillogva cserfesen
mulandó melódia
ne ítélj
kínzó némaságra

mert- ha kihűl
bennem sem él
sarkall – késztet
gyötrőn nem hajt
tör felszínre
lángoló világos ének
mit adhatok egyáltalán
tartalmasan szépet

Kodály hazájában hallgatni
derű nélkül kullogni
egymás kezét nem fogni
rúgni – rágni – rombolni
ütésállót hordozni
óbégatva nyávogni
igazán nagy vétek, ha
nem csendül fel ének

A SZÉPSÉG

1.
A Szépség
egy pillanat
Megragad
és már
Elszaladt

2.
A szépséget nehogy meglásd
Takard be szemed
Fordítsd el fejed
Milyen nyilvánvaló
      hosszú az út
      gyorsan érd el
      dehogy élvezd
Ha végre sokszínű prizmán
Eredendő lényegét nézed
Nem érzed – nem érted
Átminősül végleg
      neked tényleg
      lassan érik
      a fénye
Kár
Hogy nem az
Mit születésénél láttam
Te csak a sírban találtad

IHLET

Kinyílt a nap
Vérző hegy vagyok
Illanó hasadékán
Áttört egy gondolat

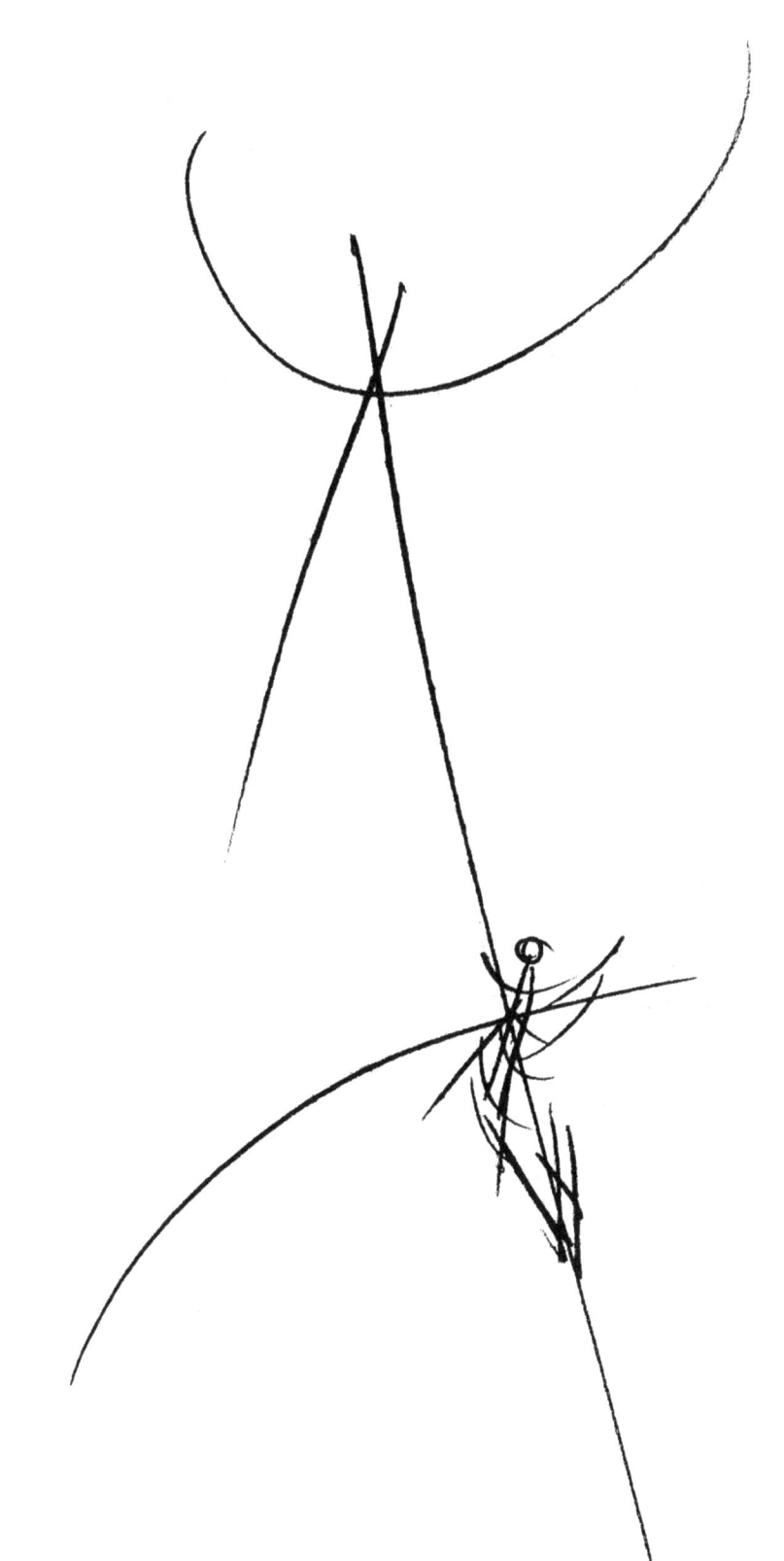

ÉLESZTŐ

Jeles személyek előtt
zörgő nylonból elővett
héj nélküli száraz kenyerecske
élveteg kockasajt-majszolás
a Minden

E lehunyt szemekkel
kéjesen csócsált ínyencségtől
hanyatló test feletti önuralom
víg mozgással telik
ébred a Szellem

Érzékenyítő hanghullámok
rezonanciái megérintenek
tompa orgonán
lázasan keresgélik
létezések igazságtartamát

Langyosan éledő tapogatózás
világos dallammá érik
harsány rezzenők biztatása
ujjongó fujolák kacaja hirdeti
szavakon túli esztétika születik

ILLÚZIÓNK

Mit képzelni vélünk
az lesz mételymézünk
Álom-szárnyalásban
chochitót majszolunk
Szíves hittel jó
nagyokat koppanunk

Másképp másra
miért emlékszünk
Láthatatlan
hogy repülünk- ha
Oktalan tévelygéseink
vezeklésekké fajulnak

Miközben érzésünk
szűkölő illúzió
Magatartásunk
giccs-áltatása
Rózsaszínűvé szürkülve
ködbe vész

ILLANÓ

Itt is bukkansz
ott is csillansz
Lyukakat tömsz
meg-megvillansz
Léteddel mást
nem is bírhatsz
Pár évtized
el is illansz

SZELLEMI

Szellem – szellem más
Köztük van valami
Apró különbség
Ködös tejszín-gomolygás
Rád telepszik körbezár
Félemlít az agymosás
Igaz szellem láthatatlan
Ám a vára óriás
Szellemes a szellemkastély
Szellemiség lengedez
Beengedném szenvedéllyel
Alkalmazni nem merem

KONOK-VILÁG

1. Vonalak keményednek
   Konokságodhoz elvezetnek

   Gondolatok sűrűsödnek
   Perspektívák rajzolódnak

   Homályomból ébresztgetve
   Mélyen belém ivódnak

   Csatornásodó folyamatok
   Célomul Konokulnak

2. Kedvemre való
   utak nyílnak

   Ajtók
   tárulnak-zárulnak

   Ablakok
   ámulva bámulnak

   Terek
   ösztön-irányítanak

   Akadályok
   végletekbe párolognak

   Konokságaid
   el nem múlnak

Ingmar Bergmannal

A HALOTTAT ETETEM

A halottat etetem
Nagy mohó száján
Habzik zöld élvezet
Míg mámorom bágyad
Feje ágyékomba sápad
Égbe küldöm égő könnyem
Utánad bár utáltad

KÖLTŐNEK SZÜLETNI

Az **igény** folyamatosan **pulzál bennem**
kérdések megválaszolásával **létem tisztán látására**

Goromba **szavakká gördülnek** gyöngyöző **érzeteim**
morózus **milyenségének megfogalmazódásai**

Firkálok – **eldobom** – néha **leírom ám**
legtöbbször **bensőm** mélyébe **lakatolom**

Mit buzgó láva alakít formáz egyszer csak
felszínre tör a **megvilágosult** való **váz**

Magamból kelesztett sűrű kovásza lefoszlik
tanácstalanul **tépelődő** habos **lelkemről**

Puha tenyeremből lágy kenyérként **nyújtom át**
egyétek – **vegyétek mostantól** a **tiétek**

Nálam **bölcsebben éljétek** e förtelmesen **fűszerezett**
bűzösre **szagosított** élhetetlenül is **kívánatos** rengeteget

MÚZSÁM

Mi-tagadás

Múzsám lettél

Nem leplezem ez érdekes tényt

Sokan nem érthetik, miért

Bár valami kellett ahhoz

Hogy elfoglald szívemben örökös helyed

Na meg az irodalomban

Hát múzsám vagy, sőt

Ismerlek és elismerlek

Hálátlanul hálás vagyok

Érte – Neked

ALMAKOMPÓT

1.
Túl édes lett
A nagymamám falta
Rögtön átment rajta

Jött a nővér
Szegényt tisztába rakta
Szúrós szemmel betakarta

Pénzemet elfogadta
Fűt-fát ígérve kezet mostam
Hamis méz volt minden szavam

A komp elindult
Az alma örökre
Ott maradt

2.
Edd meg
amit főztél
Én is megeszem
amit nekem
Kifőztél

KIMONDANI

1.
Nem illik öreg fát átültetni
Kórót élőnek áltatni
Meg nem történtté tenni

Asszonyból sosem lesz leány
Sohase fordul télbe a nyár
Van-e élet halál után

Órád mutatóját átállíthatod
Időkereket vissza nem forgatod
Szabad előre gondolkodnod

Feszültségeid palástolhatod
Kudarcaid eltitkolhatod
Problémáidat megoldhatod

Tanulj megbocsájtani
Indokolatlanul nem bántani
Magadat bátran vállalni

2.
Pontosíts
De ne túl
Ne kapd fel
A vizet
Ahogy más képzeli
Úgy is lehet

MIRE

1.
Mire
észleltem
elmúlt

Mire
elővettem
eltehettem

Mire
felidéztem
temethettem

Mire
való
semmire

Érvényét
vesztette
mire

2.
Mire agyadban
összeáll a lényeg
El is illant
e rövidke élet

KETREC

1.
rácsok
ketrecek

köztetek
tévelygek

kitörni
nem merek

jóleső
élvezet

végleges
végezet

2.
Semmi kecmec
Kell a ketrec
Önként bemész
Ketrecelgetsz

Szokásos körök
Témája örök
Börtönablak tárul
Váradba ámul

Nem kétséges
Szabadulni necces
Vigyázz, jön egy
Újabb ketrec

Határok közt
Evickélve
Falak mentén
Kecmeregve

Rácsok feszegetése
Közben ha
Búsan elmerengve
Bennrekedsz

Mindenestől
Be vagy zárva
Bizonyisten
Nagy az ára

Mindegy- mini
Maxi ketrec
Szabad béklyód
Le ne vessed

Nem létezhetsz
Ketrec nélkül
Őrülj – örülj
Ketrecestűl

HIÉNÁK

Húsom
cafatokra tépitek
képzelem

Hiányzó
helyeit bizony
érezem

Bíznom
biztosan kell
engedem

Beforrasztani sajgó sebeim s hitem

Reménykedésem
naná, újra
kezdhetem

NEMIGAZÁN

mily negédes kellemetes
unszimpatikusan is fergeteges
nemtelenül fojtottas kis lépés

kérdéstelen kérésecske
sandán settenkedő- ám elvétetlen
nem-is-tudom-hogy-csinálja érzés

mi-tagadás meg-tagadás
elhárítás a köbön
gyorsan félrelököm

VARJAK VÁRJÁK

A varjak

Szemem hogyan
Tudnák kikaparni

Gyülekeznek már

Mind kíváncsi
Ál-hiszékeny

Magukét akarják

Tisztára mosni
Kétséges lelküket

Győzelem jeléül

Tépjetek szét
Hulljon dús tollam

Tintám elfogyott

Gondolatban
Ékeskedni

Nem fogok

KÁR KÁR KÁR KÁR KÁR KÁR KÁR KÁR KÁR KÁR
KÁR KÁR KÁR KÁR KÁR KÁR KÁR KÁR
KÁR KÁR KÁR KÁR KÁR KÁR KÁR KÁR KÁR KÁR K

KÁR KÁR KÁR KÁR KÁR KÁR

LÉPŐ

1.
Mi az
mi itt tart
igenek-nemek
határvidékén
ja-persze
na- és hát

De bizonyok
táján
ki vagy be
fel meg le
buzgón
lábalok

2.
Jobbra se balra
ne nézz
Menj egyenesen
célod felé

Ne rejtsd magadba
ami bánt
Ne szépítsd
ne is alakítsd át

Szavakban rejlő
képzetek
Visszhangozzák
nézeted

Igazak igenis
igenelnek
Nem-nemek elvtelen
vétlenkednek

3.
Ha akkor
De nem
És most
Miért igen

Ha – ha
A – ha
Ha – a
Ah – ha

MAGYAROS

1.
Szívesen szotyolgat szájában
Habzó sejtelmes ízű
Idegen titulusokat
Szemlél s eszmél
Halovány szivárványhártyáján
Feltűnő maga-maga
Amint aranyfellegekbe kakasodva
Görcsösen vágtat csodaparipáján
Díszes mentét ölt
Hivalkodón pompáz, mikor
Pénz szűkében hat-alom
Önz-és csillog-villog
Elbújni kéne ön-kény
Másnak ne tündök-ölj

2.
Ékes tollak
Ír-nini
Nyálas nyelvek
Jaj-nyali
Hamis hangok
Trillili
Ütős orrok
Fintori
Véres ajkak
Aj-jaji
Odvas fogak
Fúj-juli
Kíváncsi szemek
Leshetik
Osztó kezek
Tettetik

3.
Ájultan nézem
Vérem vére
Mint eped
Satnyul végleg

Végváram omló
Ténnyé vulkanizál
Nincs már mit
Eladnom

Végtermékem se
Létezik – elveszik
Tűnök névtelen
Védtelen

Sarki kofa
Szebb szavú
Példát mutat
Úgy a jó

Valamit mondanék
Elgyötört ajkam
Kínos-mozdulatlan
Leolvashatatlan

Vonul az Ego
Biz' célba ér

1.
Játékos cicus az Élet
Színes gombolyagokkal babrál
Elvarratlan szálait bogozza
Keskeny rések közt bujkál
Göröngyös utak nyílnak
Levélrebbenésen áttűző Fény
S a végeken álldogál pőrén
Narancsos mezben a Vágy
Páráló ködben a Remény

2.
Meredek domboldal-gurulás
Néma puffogásba huppanás
Oldó távlatok tűnnek
Lehetőségek ékei szűnnek
Tapogatózva utolsót fordulok
Horizont-végtelen perspektíva – Minden
Szabad áramlatba kábul
Mezőim sebes szélein
Végutam ábrándja tárul

ENYÉM A PÁLYA

3.
Fedett tehetőségek tára
Bányászpávák mohó kitartása
Megejtő elmeragyogás tompulásán
Rejtetlen kétségek sejlenek
Gigászi pompa tündök- öl
Üstököm borzasra rázom
Ön-tisztelgek magam-biztatásra
Hit nélkül meggyőzőbb
Enyém a Pálya

Sóhaj
Ő – Laczóságod
halovány másolatához

                     Fölényes fényed parazsas bája
                          sejtelemizzás csiklánd
                        Bíbor-eleganciád vad
                      méregzöld dresszben ágál
                      Sziporkázó tudástömeg
                        tünde fuvallata megejt
                 Kétségeimről puha tapintattal
                     ellebbenti selyem fátyolát

Az igazak szárnyra kelnek
   huncut fickándozással
   kíváncsin repdekelnek
     Légies ingeráramok
   lágy vésőikkel örökre
  lelkem ünnepévé avatják
Kellem – Báj – Szépség bűvöletében
 sajátosan maradandó esszenciád

SOSEMVOLT INSPIRÁCIÓ

                        Imádatos e sajgó pillanat
                          hűs dallamcirádái
                A megismételhetetlen egyszeri
                  mulandósága mohón megragad
                  Mire sas-röptöd tudatosul
                 etalonod netovábbja Fenséges
                 párolgással világítja meg
                    éterbe szögelt Glóriád

MEGPATTANT

Lelkem dombtetejéről
Érdeklődve nézem
Amint mókás-kíméletlen
Elrepdes fejem felett
Lejárt játékidőm

Merre tart a Világ
Lihegve igyekezek
Követni Ó-jövőt

Avult eszmékbe kapaszkodom
Próbálok emlékezni
Érezni a Múlhatatlant
Valami megpattant bennem
Valamit végképp elvesztettem

Régi nóta éled
Csak az Új a beszély
... . ..

Kérdő – válaszolatlan
Titkolózó rejtélyek tán
Még felelnének... de
Nem ehetek meszet
Inkább megveszekedek

HUSS
(elszálltam volna
ha engedik...)

KISÜLÉS

Trükkös tekinteted jégfolyam tükre körbefon

Érzékeny csápjaid mohó lápodba húznak

Ellenállhatatlanságától szinte megsemmisülök

Bosszantó bányáid gázos terei rám zúdulnak nyíltan

Térülve-fordulva ügyesen leterítenek

A pusmogó csend csupa borzoló csodálkozás

Mi ez a furcsán megejtő, sietős találkozás

Tompa fényed kásás mogyorómáza bágyadtan bevon

Csábító szakadéka zuhanós mélybe szédít

Kínosan rövid puffanó hangot hallatok

Hálátlan búcsút mordulva utolsót rándulok

ÉLET-KÉPTELEN

Váratlan oldódással legördülő
gyémántcseppek keretezik érett
fájdalomtól tükrösen töredező
hamvas szilva-orcám

Síró gégémnél egyesülő szívalakjuk csúcsán
lelkemben semmivé foszlanak
miközben homlokom lebenyei közül kukucskáló
roppant terhem gondosan felszívódik

Rég kiestek szemgödreim mandulái
pedig kíváncsiságukkal megakadályozhatnák
vívódó bensőm csapongó lángjának
idő előtti elfojtását

Sorsom maradékától menekülten
előtörnek szakadatlan zsigeri könnyek
ajkam cseresznyéje mirelitté válik
finom kínkacaja távolba illan

Tehetetlen álbékességgel kívülről
szemlélem örökkévalóságom némán
természetes törekvések érvénytelenségei
emlékezetlenbe sodornak névtelen

Múltam fakadt fekélye kiújul
s kiürülvén a nyughatatlan lélek
tudattalan-lényegtelen telik
személytelenné vált létem

Vigyázz vágyam

kivel és mit
követelőző történtek kötött erkölcsei
bilincsben tartanak
                  tisztán
                                élet képtelen
az
nincs folytatás

KAPUZÁRÁS

Mit zárnék be
Ha ki sem nyitottam

~
a Földön nincsen
Igaz érzés
csak Nagyság
Mutatja bájait

~
Nem élek
Csak mozogok
Zárt sötétemből
Alaktalanságomra
Ki-ki pillantok
Még senki
Vagyok

~
a Súlyt az érzi
Aki megemeli

~
Azt hittem
Az emberek olyanok
Amilyen én vagyok
Háát
Nem olyanok

~
Halottakkal beszélgetek
Élőkkel meg kefét eszek

~
Az Élet nagy lecke
Fel van adva
Tanuld-csináld és
Mondd fel a végére

~
jól néznék ki
nagy-komolyan
értékelnem kellene
magamat

bizonyára fergeteges
díszebédre mehetnék
a Sóhivatalba de
nincs étvágyam

ha már meghaltam
rájöttök majd
ki- voltam
pááá

A MAGAM SZIGETÉN

Igenek laknak
Távlatok tűnnek
Rózsák illatoznak
Nyíltan tündököl az ég

Torz képzelet-szülemények
Miket felfedezni vélek
Nem a valóság
Sejtik sejtjeim

Lehetetlen lényegek
Rejtőző teljességében
Eltörpülve élek
A magam világ-szigetén

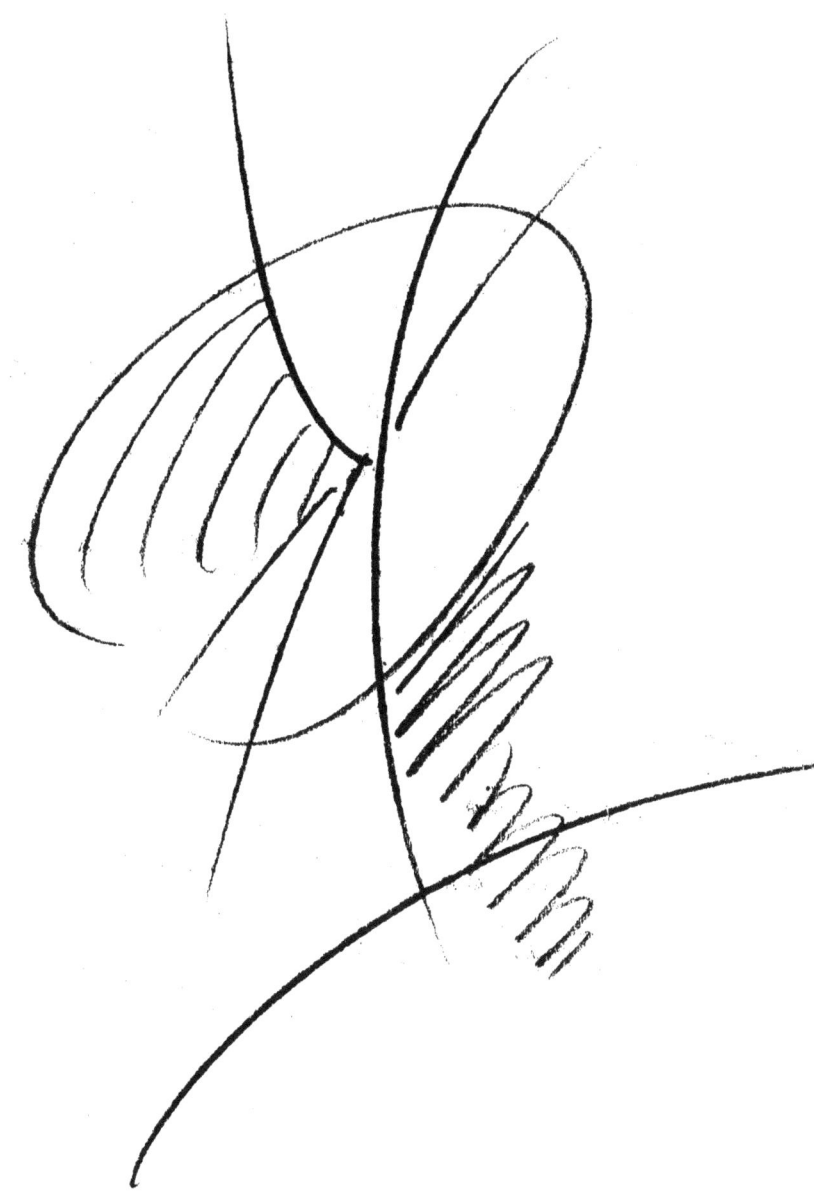

CSAK villanás e vallomás
A sejtetés nem félhomály
A szikrázás már robbanás
A feledés mégsem dukál

TARTALOM

ASSZONYI SORS . . . . 7 . . . .
REZGÉSEK . . . . 8 . . . .
CSÓKOD, MINT KÁLYHA MELEGE . . . . . . 9 . . . .
SZENTKÉP . . . . 11 . . . .
A HETEDIK KÖR . . . . 12 . . . .
SZERELEM . . . . 13 . . . .
SZERELEMVONAT . . . . 14 . . . .
A TÁNC MÁMORA . . . . 16 . . . .
NÉLKÜLED . . . . 17 . . . .
MOST MI LESZ . . . . 18 . . . .
IGAZSÁG – HAZUGSÁG . . . . 19 . . . .
GYÖNYÖR . . . . 21 . . . .
RECIPE . . . . 22 . . . .
STÁCIÓK . . . . 24 . . . .
KÉTSÉGEK . . . . 28 . . . .
KETTEN . . . . 29 . . . .
VAGYOK . . . . 30 . . . .
VAGY-OK . . . . 31 . . . .
EZ NEM MESE . . . . 32 . . . .
AZ ÉN KEDVESEM . . . . 33 . . . .
HÁLÓBAN A HOLD . . . . 34 . . . .
ÖRÖKÖS . . . . 36 . . . .
MOSOLYOD CSILLAGVIRÁG . . . . 38 . . . .
MENJÜNK . . . . 39 . . . .
ÉN NEM SZOKTAM . . . . 40 . . . .
MINDÖRÖKKÉ . . . . 41 . . . .
ÁLMOMBAN . . . . 42 . . . .
ROSSZ LEHET . . . . 43 . . . .
EMLÉKSZEL? . . . . 44 . . . .
ÁLOM . . . . 46 . . . .
TÉLELŐ . . . . 47 . . . .

MEGVÁLTOZTUNK	48
SZERELEMPUSZTÍTÓ MOZZANATOK	50
ÁGYVÁNDOR	51
ZSÁMOLYOD	52
FERTŐD	53
JÓEMBER	54
Ő AZ	56
LÉNYEG	57
HALLATLAN	58
LÁNYOCS – KÉK	60
MOST NEM EMEZEN	61
NŐK	62
ÁLHÁZASSÁG	63
ATTÓL KEZDVE	64
MAMA	67
GYERMEKEM	68
GYERMEKSIRATÓ	69
SÍROMRA	70
FELISMERÉS	72
EZUTÁN	73
KÉSZÜLJ	74
FÉLEMBER	77
MINDIG KINT	78
HOSSZÚ LÉPCSŐSOR	79
LAPPANGÓ	80
ÁLLÓVÍZ	82
ÁLLATI	83
KÍNLÉTRA	85
AL FRESCO	86
FRANSZIA	87
FŐ A VÁLTOZATOSSÁG	88

ROHADT ÉLET	90
SZEGÉNYSÉG	91
VASKALAP	92
ÉBREDÉS	94
ÚJULÁS	96
A JÖVŐ ITT VAN	97
1990	98
GYENGÉK	100
ARCUNKON	101
MOBILAN	102
IGAZ	104
KERESEM A KULCSOT	107
LÁNGOS	108
ÁRNYÉKOS	109
EMLÉKEIM SZÉTESÉSI	110
SÍR-VERS 30. SZÜLETÉSNAPOMRA	111
ÖREGSÉG	112
ELMÚLT	113
MINEKÉLŐ	114
LÉTED	116
ÚJ TITÁN	117
ELÉRHETETLEN	119
ELMEZAVAR	120
ELME ZAVAR	121
ARCOK	122
VÁLASZTHATSZ	123
GYÁSZ	124
ÉRDEMES	125
IDEGENSÉG	126
CSONTVÁRY	127
MŰVÉSZSÉG	128
NÉMA ZENÉSZEK	129
PSZT	131
A DAL	132

A SZÉPSÉG	137	
IHLET	138	
ÉLESZTŐ	140	
ILLÚZIÓNK	141	
ILLANÓ	143	
SZELLEMI	144	
KONOK-VILÁG	145	
A HALOTTAT ETETEM	146	
KÖLTŐNEK SZÜLETNI	147	
MÚZSÁM	148	
ALMAKOMPÓT	149	
KIMONDANI	150	
MIRE	151	
KETREC	152	
HIÉNÁK	154	
NEMIGAZÁN	155	
VARJAK VÁRJÁK	156	
LÉPŐ	158	
MAGYAROS	160	
ENYÉM A PÁLYA	162	
SOSEMVOLT INSPIRÁCIÓ	163	
MEGPATTANT	164	
KISÜLÉS	166	
ÉLET-KÉPTELEN	167	
KAPUZÁRÁS	168	
A MAGAM SZIGETÉN	170	
CSAK	171	

A szerző

Avar Judit magánénektanár, régizenészként különböző kamaraformációkkal énekelt és viola da gambákon játszott leginkább reneszánsz és barokk zenét. Életét a művészet két ága, a zene és az irodalom szeretete, művelése hatja át, tizenhat éves kora óta ír verseket. Füred fénye című verseskötete 2017-ben jelent meg. Avar Judit versei örök témák köré csoportosulnak, melyeket a szavak zeneiségével fogalmaz meg, hol játékosan – hol komolyan. Célja az ösztönök eredeti jellegének megőrzése őszinte, nyílt, szépítés nélküli igaz tartalmakban. Egy időtlen, kortalan, tehát mindig, mindenkinek szóló kötetet tart kezében a tisztelt olvasó.

novum KIADÓ A SZERZŐKÉRT

A kiadó

*Aki feladja,
hogy jobbá váljon,
feladta,
hogy jobb legyen!*

E mottó alapján a novum publishing kiadó célja az új kéziratok felkutatása, megjelentetése, és szerzőik hosszútávú segítése. Az 1997-ben alapított, többszörösen kitüntetett kiadó az egyik legjelentősebb, újdonsült szerzőkre specializálódott kiadónak számít többek között Ausztriában, Németországban és Svájcban.

Valamennyi új kézirat rövid időn belül egy ingyenes, kötelezettségek nélküli kiadói véleményezésen esik át.

További információkat a kiadóról és a könyvekről az alábbi oldalon talál:

www.novumpublishing.hu